Heidemarie Brosche

Unterrichtsstörungen

AF649911

Heidemarie Brosche

Der kleine Lehrerflüsterer

Unterrichtsstörungen

Cornelsen

Autorin:
Heidemarie Brosche ist Hauptschullehrerin und Autorin von Kinder-, Jugend- und Sachbüchern. Sie engagiert sich für die Leseförderung und ein Schulleben, das von Gelassenheit und gegenseitiger Wertschätzung getragen ist.

Aus Gründen der einfacheren Lesbarkeit wird in diesem Buch nur die männliche Form verwendet. Es jedoch sind stets Personen aller Geschlechter gleichermaßen gemeint.

Redaktion: Katia Simon, Essen
Umschlaggestaltung: Corinna Babylon, Berlin
Illustrationen (Cover): Sarah Humeniuk, Berlin (Figur), Shutterstock/Magnia (Aquarell-Bögen)
Illustrationen (Innenteil): Sarah Humeniuk, Berlin
Layout und technische Umsetzung: LemmeDESIGN, Berlin

www.cornelsen.de

1. Auflage, 2. Druck 2023

© 2019 Cornelsen Verlag GmbH, Berlin

Das Werk und seine Teile sind urheberrechtlich geschützt. Jede Nutzung in anderen als den gesetzlich zugelassenen Fällen bedarf der vorherigen schriftlichen Einwilligung des Verlages. Hinweis zu §§ 60 a, 60 b UrhG: Weder das Werk noch seine Teile dürfen ohne eine solche Einwilligung an Schulen oder in Unterrichts- und Lehrmedien (§ 60 b Abs. 3 UrhG) vervielfältigt, insbesondere kopiert oder eingescannt, verbreitet oder in ein Netzwerk eingestellt oder sonst öffentlich zugänglich gemacht oder wiedergegeben werden. Dies gilt auch für Intranets von Schulen.

Druck: AZ Druck und Datentechnik GmbH, Kempten

ISBN 978-3-589-16514-8

PEFC
PEFC/04-31-2260

PEFC-zertifiziert
Dieses Produkt stammt aus nachhaltig bewirtschafteten Wäldern und kontrollierten Quellen
www.pefc.de

Inhalt

Vorwort zur Reihe

An die Zeit meines Referendariats erinnere ich mich nur ungerne. Sie war schlichtweg scheußlich. Ich meinte es gut und wollte es gut machen, aber ich scheiterte so oft. Vor allem aber fühlte ich mich ständig unter Druck. Die Vision, die ich von mir als Lehrerin gehabt hatte, rückte in weite Ferne. Im Vergleich zu anderen Lehrern fühlte ich mich wie ein Totalausfall. Die konnten es alle besser. Irgendwann teilte ich meinem Seminarleiter, Herrn S., mit: „Ich werfe das Handtuch!" Dass ich das nicht tat, verdanke ich Herrn S. Er flüsterte mir, wie ich mir bis heute vorstelle, dass ein Pferdeflüsterer seelenkranken Pferden flüstert – er flüsterte mir mit genau der Empathie, die ich in diesem Moment brauchte: „Dein Anspruch an dich selbst ist zu hoch!" Und schließlich: „Du wirst eine gute Lehrerin sein!"

Ich glaubte ihm und hielt durch.

Seither sind viele Jahre vergangen. Ob ich eine gute Lehrerin geworden bin, kann ich nicht beurteilen. Was ich aber sehr wohl weiß: dass vieles, was mich damals extrem belastet hat, heute weit weniger stark auf meine Schultern drückt. Dass ich gelernt habe, mit Herausforderungen besser umzugehen – auch mit den Eigentoren, die ich schieße. Ja, dass ich es jetzt drauf habe, in fast jeder Situation über den Tellerrand des Verzagens zu blicken und immer wieder neuen Mut und neue Energie zu schöpfen.

Mit dieser Reihe **Der kleine Lehrerflüsterer** möchte ich dir, lieber neuer – oder auch nicht mehr ganz so taufrischer – Kollege, ein bisschen Druck aus dem Kessel nehmen. Ich werde Situationen aus dem Schulalltag schildern und mögliche Lösungen anbieten, aber vor allem eines vermitteln: Dass nicht alles gut läuft, ist sowas von normal! Ruhig Blut also!

Ach ja, andere Lehrer sehe ich jetzt klarer – nüchtern, aber auch nachsichtig. Du wirst hier einigen Lehrertypen begegnen, die du so oder so ähnlich in jeder Schule finden kannst.

Meinem Lehrerflüsterer von damals, dem besagten Herrn S., bin ich bis heute dankbar – und möchte mit dieser Buchreihe, dir liebem Leser, Zuversicht und gute Laune spenden. Ohne langatmige Theorie, mit vielen unterhaltsamen Einblicken in die Praxis! Ich verspreche: Du darfst auch über mich lachen.

Lässt du dir etwas von mir flüstern? Ja?! Dann packen wir's an! Ich freu mich drauf.

Herzlich

Heidemarie Brosche

Einführung

Du kennst sie sicher auch: die Lehrer, die ihren Unterricht ordentlich vorbereiten und ihn dann partout so halten wollen wie geplant. Die es nicht ertragen, unterbrochen zu werden. Die keinen Bock drauf haben, zum Streitschlichter zu mutieren. Und die schon gar nicht schwitzend vor einer tobenden Meute um Aufmerksamkeit heischen wollen. Die Wert darauf legen, dass bei ihnen immer alles so läuft, wie es laufen soll. Die ihren Laden so gut im Griff haben, dass es Störungen nicht gibt – wenn man ihren Worten Glauben schenkt. Und die von dennoch auftretenden Unterrichtsstörungen in Empörung und Missmut getrieben werden.

Vermutlich kennst du auch die: Sie haben längst zur höchsten Stufe der Gelassenheit geschaltet und lassen Unterrichtsstörungen ungerührt an sich abperlen. Ob die Schüler ihre Beiträge laut herauskrakeelen, ob sie sich gegenseitig brutal ins Wort fallen, ob sie kleine Plauderzirkel institutionalisiert haben, ob sie auch mal gegen die Lehrperson ausfallend werden – das alles ist für diese Lehrer nicht so wichtig. Sie schonen ihre Nerven (zumindest wirkt es so) und sehen dem Ende der Stunde / des Schuljahres / des Lehrerlebens voller Gleichmut entgegen.

Solltest du dich in einer der beiden Varianten wiedererkennen, macht das nichts. Beide haben durchaus etwas Positives.

Solltest du dich aber – was ich vermute (Warum? – Weil du bereit bist, dieses Buch zu lesen!) – weder zur einen noch zur anderen Kategorie zählen, ist **Der kleine Lehrerflüsterer Unterrichtsstörungen** goldrichtig für dich.

Wenn alles gut geht, lüftet sich während der Lektüre auch das Geheimnis für dich, wie genau **du** mit genau **deinen** Eigenschaften und -arten eine Lehrkraft sein kannst, die mit Unterrichtsstörungen souverän umgeht – trotz aller Widrigkeiten.

Was genau sind „Unterrichtsstörungen"?

Wenn ich einem Außerirdischen, der zufällig in einem Lehrerzimmer gelandet ist, eine Definition für Unterrichtsstörungen liefern sollte, würde ich erst mal cool antworten: Lehrer bezeichnen alles als Unterrichtsstörung, was es ihnen schwer macht, ihren Unterricht so zu halten, wie sie ihn halten wollen. Für Schüler aber ist eine Unterrichtsstörung in erster Linie das, was Abwechslung in die Ödnis des Unterrichts bringt.

Wenn er dann Konkreteres wissen wollte, würde ich eine bunte Mischung aus dem Hut zaubern – von „Ein Schüler lässt immer wieder seinen Stift zu Boden fallen" über „Zwei Schüler sprechen miteinander, während der Lehrer der Klasse etwas beibringen möchte" bis zu „Ein merkwürdiges Geräusch dringt durchs Fenster".

Und auf die Frage, ob Unterrichtsstörungen etwas Schreckliches sind, würde ich nachdenken und ganz schnell den Wechsle-mal-die-Perspektive-Knopf drücken. Den betätige ich nämlich immer genau dann, wenn die Gefahr von Verblendung und Selbstgerechtigkeit droht. Und beides ist mir – gerade bei uns Lehrern – ein Gräuel.

Damit auch du schon zu Beginn dieses Buches den Wechsle-mal-die-Perspektive-Knopf kennenlernst, drücke ich ihn gleich hier und jetzt in Form eines kleinen Fragebogens.

Wechsle mal die Perspektive!

Welche der aufgelisteten Verhaltensweisen hast du selbst auch schon an den Tag gelegt, als du in einer Art Schülerrolle stecktest, z. B. bei Fortbildungen, Vorträgen, Workshops, Volkshochschulkursen …? Kreuze bitte an! Wenn ich etwas vergessen habe, ergänze es gern!

Ich bekenne mich offen und ehrlich zu folgenden Vergehen:

- ○ mit dem Nachbarn reden
- ○ reinschreien
- ○ herumalbern
- ○ laut lachen
- ○ gähnen
- ○ etwas zu Boden fallen lassen
- ○ in der Tasche kramen
- ○ nicht mehr ruhig sitzen können
- ○ plötzlich auf die Toilette müssen
- ○ den Platz verlassen
- ○ geistig wegdriften
- ○ etwas kritzeln
- ○ nicht mehr zuhören
- ○ fast einschlafen
- ○
- ○
- ○

Und jetzt mal ehrlich: Würdest du all diese Dinge auch schlimm finden, wenn du kein Lehrer wärst? Sind sie für das Weltgeschehen von Bedeutung?

Nach Betätigung des Wechsle-mal-die-Perspektive-Knopfes finde ich Unterrichtsstörungen gar nicht mehr **so** *schlimm.*
Halt, kein Missverständnis! – Ich will sie nicht schönreden, aber ich bewerte sie anders. Und klar muss ich Unterrichtsstörungen nach Kräften verhindern – vorbeugend oder ahndend –, weil ich als Lehrer nun mal fürs Unterrichten bezahlt werde. Der Unterschied ist meine Stimmung während einer Störung: Gelassenheit macht sich breit.

DIE GOLDENE REGEL

Wer gelassen bleibt, kann mit Unterrichtsstörungen viel wirksamer umgehen als ein HB-Männchen, das ständig in die Luft geht.

Die Frage ist allerdings, warum wir Lehrer überhaupt so sehr um Gelassenheit kämpfen müssen, warum wir es so besonders schlimm finden, wenn es zu Störungen kommt. Wir wissen doch: Störungen gehören zum Leben. Wenn wir gerade Tatort gucken, läutet das Telefon. Wenn wir bügeln wollen, fällt der Strom aus. Und wenn wir uns auf ein ruhiges Mittagessen gefreut haben, überrascht uns unser Kind mit einer Hiobsbotschaft aus der Schule.

Wir kennen das mit den Störungen im Leben also schon. Und in der Regel haben wir uns damit arrangiert. Bringt ja auch nichts, immer wieder aufs Neue in die Luft zu gehen, weil irgendein Plan nicht erfüllt werden kann.

Aber wenn wir als Lehrer mit Störungen unseres Unterrichts konfrontiert sind, ist plötzlich alles anders. Alarmglocken schrillen.

Die Laune kippt – warum eigentlich?

Na ja, es hat schon seinen Grund. Genau genommen sind es mehrere:

1. Wir üben eine Berufstätigkeit aus, zu der das Planen gehört wie der Teig zum Kuchen.
2. Zu Beginn unserer Lehrerlaufbahn müssen wir – über Jahre und unter Frust und Druck – lernen, wie das geht: einen guten Unterricht planen.
3. Eher selten sagt uns einer, dass wir kein schlechtes Gewissen haben müssen, wenn es bei uns zu Störungen kommt.
4. Eher häufig gibt uns jemand zu verstehen, dass ein sehr guter Unterricht der ist, der die sehr gute Planung sehr gut umsetzt.
5. Ja, und dann kommt noch erschwerend hinzu: Wir machen uns ja auch viel Arbeit mit der Planung, wir denken nach, wir entwerfen, wir verwerfen, wir planen um, wir gestalten, wir layouten, wir schneiden, wir laminieren, wir schleppen an, wir schleppen ab. Und da fühlt es sich halt nicht so gut an, wenn

die Mühe vergebens war, weil … wir Opfer einer oder mehrerer Unterrichtsstörungen wurden.

6. Nicht zu vergessen schließlich: Es erfordert ein hohes Maß an Energie, aus der Schülertruppe, die wir zu Beginn der Stunde übernehmen, eine konzentrierte, motivierte oder schlichtweg nur arbeitende Lerngruppe zu machen. Diese Mühe kann sich sehr schnell als vergebens erweisen, wenn die erste Störung auftaucht. Konzentration, Motivation, Arbeitsbereitschaft können sehr schnell in den Keller gehen!

Unterrichtsstörungen haben für uns Lehrer also immer einen Beigeschmack von Scheitern und Misserfolg.

Der Lehrerflüsterer empfiehlt:

- Wenn du jeden Tag mit dem Gefühl in die Schule gehst, dass die Störung der Normalfall, die Einhaltung des Plans aber die Ausnahme ist, hast du viel öfter etwas zum Freuen und viel seltener etwas zum Ärgern.
- Wenn du dir die Mühe machst, nach einem gefühlt „kolossal gestörten Unterrichtstag" alle Störungen – im Kopf, auf Papier oder in einer Datei – aufzulisten, bringst du Klarheit in das Unzufriedenheitskuddelmuddel. Und bist am Ende vielleicht noch richtig stolz, dass du die Herausforderungen doch so gut be- und überstanden hast.

Lehrertypen
DIE DURCHGREIFERIN und DER SENSIBLE

Dieses Auflisten von Störungen würde einem bestimmten Lehrertyp vermutlich eher nicht einfallen – nämlich dem, der sehr überzeugt von sich ist und die Schuld eher bei anderen sucht. Ihm gelingt es wohl ganz gut, einige unangenehme Vorkommnisse zu verdrängen und zur Tagesordnung überzugehen. Kann man so und so sehen:

Einerseits kriecht in mir immer so ein Gefühl von „sich in die eigene Tasche lügen" hoch, von „den Tatsachen nicht ins Auge blicken", von – ganz platt gesagt – „so tun, als ob alles gut wäre". Andererseits kann es auch ganz schön anstrengend sein und in Richtung Selbstzerfleischung gehen, wenn man sich zu ausgiebig mit all den Dingen beschäftigt, die schief gelaufen sind. Ich denke, hier können sich die beiden Lehrertypen *die Durchgreiferin* und *der Sensible* gegenseitig etwas voneinander abgucken.

Illustrationen: © Sarah Humeniuk, Berlin

Verschärfend kommt hinzu: Zurzeit wird die Lehrergelassenheit auf eine harte Probe gestellt, denn die Tendenz ist steigend. Unterrichtsstörungen werden nicht weniger, sondern mehr. Das wird uns immer dann bewusst, wenn wir Lehrer von „früher" erzählen hören. Da kann es schon mal passieren, dass wir an unseren Neidgefühlen würgen – angesichts all der Disziplin, die damals angeblich herrschte.

Lauschen wir Wilhelm Buschs oder Ludwig Thomas Schule-Schilderungen aus dem vorvorigen und vorigen Jahrhundert, sieht das mit dem Neid gleich wieder anders aus. ***So*** *brav waren die Kinder auch damals nicht! Und Sokrates relativiert mit seinem Lamento von 500 v. Chr. über die undisziplinierten Jugendlichen die guten alten Zeiten endgültig.* ***So*** *brav waren die wohl nie! Ja, der Blick über den Tellerrand tut mir persönlich immer gut. Er weitet den Horizont und relativiert alles, was man erlebt. Wer geschichtlich zurückblickt, wer auch in andere Länder und Kulturen schnuppert, wer das Gegenwärtige ein wenig aus der Distanz betrachtet, bekommt eine andere Einstellung zu belastenden Dingen.*

Aber auch wenn wir noch so sehr auf Distanz gehen, dürfen wir uns eines zugutehalten: So schwierig wie zurzeit war es vielleicht tatsächlich noch nie – weil so enorm viel zusammenkommt, was das Unterrichten schwierig macht und Unterrichtsstörungen den Nährboden bereitet.

13 Fakten, die es uns heute besonders schwer machen, einen störungsfreien Unterricht zu führen

1. Alles verändert sich unglaublich schnell. Dies sorgt für Unruhe.
2. Die Unterhaltungsmedien haben so vieles auf Lager, das die Schüler viel mehr fasziniert als unser Unterricht.
3. Das Internet bietet neben den positiven auch etliche negative Möglichkeiten, die den Schülern nicht gut tun und sie durcheinanderbringen.
4. Viele Schüler schlafen zu wenig und sind deshalb unkonzentriert und wenig aufnahmefähig.
5. Nicht wenige Schüler bewegen sich zu wenig und ernähren sich ungesund.
6. Konsum, Fun und Style sind in Teilen der jungen Generation hoch angesehen – höher als Bildung.
7. Die brave, angepasste Pflichterfüller-Mentalität gibt es kaum mehr – was gut ist, aber oft auch ins Gegenteil ausschlägt.
8. In vielen Familien herrschen belastende Umstände.
9. Die Erziehenden sind oft rat- und hilflos, was Erziehungsfragen angeht.
10. Durch die wachsende Migration treffen oft sehr gegensätzliche Werte aufeinander.

11. Die Schere zwischen Arm und Reich klafft immer weiter auseinander, was ein Gefühl der Ungerechtigkeit auf der einen Seite verursachen und damit zu mangelnder Zuversicht und Motivation führen kann.

12. Das Motto „Der Stärkere siegt" hat sich ziemlich durchgesetzt und wird auch in den Medien oft so propagiert. Wir Lehrer haben es schwer, dagegen anzureden und zu -handeln.

13. Inklusion im Unterricht ist an sich eine gute Sache, kann aber – vor allem wenn die personelle Decke zu dünn ist – zu großen Problemen führen.

Wenn wir Lehrer uns dies alles bewusst machen, können wir uns ein bisschen wie Helden fühlen. Wir müssen das alles stemmen! Und wir stemmen das!

Nun aber konkret: Der Blick ins Auge des Feindes. Wer oder was stört wie und wann?

Störungen von außen

Störenfriede ante portas

Gerade hast du die Klasse mehr oder weniger mühsam zur Ruhe gebracht und mit dem Einstieg begonnen, da klopft es. Vor der Tür steht/stehen …

- ein Kollege, der etwas Megawichtiges im Raum vergessen, aber keinen blanken Schimmer hat, wo dies versteckt sein könnte;

> *Ehrlich gesagt, könnte das* ***ich*** *sein. Ich habe vom USB-Stick bis zum Lehrer-Trolley schon alles gesucht – kopflos und ohne Rücksicht auf Sympathieverlust.*

- eine Kollegin, die der Klasse dringend sagen muss, dass heute Sport entfällt;
- drei alberne Schüler aus einer fremden Klasse, die ihren Botendienst zum Comedy-Event umfunktionieren;
- eine Mutter, die den Hausschlüssel für Renata nachliefert;
- ein Vater, der sich über Ungerechtigkeit gegenüber Söhnchen Rambo beschwert …

Höhere Gewalt

Mitten in die konzentrierte Stimmung, die wir so mühsam aufgebaut haben, …

- knistert die Lautsprecheranlage und eine Durchsage von der Sprengkraft einer Seifenblase raubt dir die Aufmerksamkeit der Schüler;
- ertönt vor dem Klassenzimmerfenster der süße Klang des Laubbläsers;
- kitzeln Sonnenstrahlen einen Schüler, worauf er die ultimative Neuigkeit nicht für sich behalten kann: „Die Sonne blendet!“;
- quält sich die letzte Stubenfliege des Jahres durch den Fensterspalt, um lautstark surrend ihr Leben vor begeistertem Publikum auszuhauchen …

Früher hat mich das alles unglaublich genervt. Heute stelle ich mir vor, ich schreibe diese Szene in eine Comedy-Nummer und trete damit auf. Schon fühle ich mich nicht mehr als Opfer!

WAS TUN?

Wenn unser Unterricht von außen gestört wird, können wir …

- uns ärgern und den Ärger stumm in uns reinfressen;
- uns ärgern und den Ärger lautstark rauslassen;
- die störende/n Person/en maßregeln und zu erziehen versuchen;
- Lautsprecher oder Laubbläser verfluchen;
- das Klassenzimmer via Rollläden zur Dunkelkammer machen;
- die Fliege mit einem lauten Patsch erschlagen.

In der Schule ist es halt wie im Leben: Wir haben nicht alles im Griff. Menschen mit Schwächen gehören genauso zum Alltag wie höhere Gewalt. Was wir allerdings sehr wohl im Griff haben, ist unser Umgang mit den Unannehmlichkeiten.

Der Lehrerflüsterer empfiehlt: Wenn eine harmlose Störung von außen auftritt, gehört die in der Regel zum Schulalltag. Gelassen aushalten bringt mehr als gestresst zu vibrieren. *So isses halt, das Lehrerleben!*

- Es bringt jetzt nichts, Kollegen zu erziehen, Mütter über Selbstständigkeit zu belehren, den Laubbläser-Mann zu beschimpfen, die Sonne vom Scheinen abzuhalten oder den Lautsprecher zu zerstören.

- Wenn uns jemand mutwillig ins Geschäft pfuscht, müssen wir ihn in seine Grenzen verweisen:
  - Der Comedy-Gruppe ein Engagement beim Schulfest in Aussicht stellen. Jetzt müssen sie zur Sache kommen oder Platzverweis!
  - Dem Vater einen Gesprächstermin empfehlen. Während des Unterrichts werden wir fürs Unterrichten bezahlt und nicht für die Psychohygiene eines Elternteils!

Wechsle mal die Perspektive!

Versetz dich bitte mal in die Rolle der Eltern!

Hast du nicht auch schon mal einen Lehrer deines Kindes zwischen Tür und Angel etwas fragen wollen? Hast du gar schüchtern angeklopft und deinem Kind etwas hinterhergetragen, weil es wirklich nichts dafür konnte, dass es den Turnbeutel vergessen, das Buch nicht eingebunden, die 5 € nicht dabei hatte? (**Du** warst – deiner Wahrnehmung nach – schuld, weil du den Turnbeutel verräumt, das Klebeband aufgebraucht, das Geld nicht passend hattest.) Solltest du kein Kind haben, erinnere dich an deine Schulzeit: Haben dir liebende Eltern nicht auch mal etwas hinterhergetragen?

Ehe du dich über unmögliche, störende Eltern mokierst, versuch ihnen nicht immer nur Schlechtes, sondern durchaus auch etwas Gutes zu unterstellen!

Ich halte es – wie im gesamten Leben – auch bei den Störungen von außen mit einer Lebensweisheit, die ich ein wenig abgewandelt habe:

DIE GOLDENE REGEL

Kämpfe um oder gegen Dinge,
die du ändern kannst!
Akzeptiere die Dinge,
die du nicht ändern kannst!
Und lerne, das eine vom anderen
zu unterscheiden!

Denn: Wo Menschen sind, da menschelt es. Und unser Beruf ist nun mal einer mit sehr vielen Menschen. Also ist es ganz normal, dass immer wieder auch Dinge passieren, obwohl sie nicht passieren sollten. *Shit happens!* Eigentlich auch eine goldene Regel!

Störungen aus den eigenen Reihen

Die Light-Version der Disziplinlosigkeit

Du hast dir richtig Mühe mit deiner Vorbereitung gegeben, aber deine Schüler …

- interessieren sich eher wenig für dein Thema und labern, labern, labern;
- sind zwar bei der Sache, aber schreien dir beherzt alles um die Ohren, was ihnen einfällt;
- zeigen offen ihre Müdigkeit / ihr Desinteresse und verfallen in Apathie …

WAS TUN?

Es gibt die unterschiedlichsten Möglichkeiten, auf Unterrichtsstörungen aus den eigenen Reihen zu reagieren:

- ausflippen;
- mit Gegenständen werfen;
- verzweifeln;
- in Tränen ausbrechen;
- die Beine hochlegen und abwarten;
- pfundweise Fachliteratur lesen …

Ich hab selber schon meinen Ohrclip durchs Zimmer geworfen. Nicht empfehlenswert! Konnte aber später mit den Schülern gemeinsam drüber lachen.

Illustration: © Sarah Humeniuk, Berlin

Lehrertyp DER SENSIBLE

Der sensible Typ kommt sich oft untüchtig vor. Wird von anderen – Schülern wie Kollegen – gerne als zu sensibel bezeichnet. Seine große Stunde schlägt immer dann, wenn es um Verständnis für Kummer und schwierige Situationen geht. Das wiederum verstehen andere Lehrer nicht so leicht.

Ursachenforschung

Wären wir keine Profis für Unterricht und Erziehung, könnten wir uns mit der Feststellung begnügen, die Schüler seien einfach Nervensägen oder gar Sargnägel.

Da wir aber Profis sind, müssen wir genauer hinsehen. Und wir müssen uns davon verabschieden, von „den Schülern" zu reden. Die Schüler sind nun mal ein Konglomerat aus einzelnen jungen Menschen. Aus Menschen, die sehr unterschiedlich sind und die demnach auch ganz unterschiedliche Gründe haben, aus denen sie sich wie Nervensägen oder Sargnägel benehmen.

Wechsle mal die Perspektive!

Versuche dich zu erinnern:

- In welchen Situationen hast du dich – als Kind, als Jugendlicher oder auch als Erwachsener – schon störend benommen?
- Hatte deine Stimmung da Einfluss drauf?
- Spielten die unmittelbar vorausgehenden Erlebnisse und Erfahrungen eine Rolle?
- Hatte es etwas damit zu tun, ob du ausgeschlafen warst, ob dir etwas weh tat …?

Umgekehrt:

- Wann fiel/fällt es dir leicht, dich konform zu benehmen und nicht unangenehm aufzufallen?
- Wenn es dir gut geht oder wenn du schlecht drauf bist?

Und auch das noch:

- Was kann dich in einer Fortbildung, der du kaum mehr folgen kannst, retten?
- Wenn der Referent ungerührt fortfährt und redet, redet, redet?

CHECKLISTE

Kann es sein, dass dieser Schüler deshalb stört, weil …

- er unterfordert und deshalb gelangweilt ist?
- er überfordert und deshalb gelangweilt ist?
- er einen besonders hohen Bewegungsdrang hat und deshalb generell Probleme mit langem Stillsitzen hat?
- er übermüdet ist und deshalb nicht mehr ruhig sitzen kann?
- er mit seiner Konzentrationsfähigkeit am Ende ist?
- er persönliche Probleme hat und sich deshalb so (= störend) abreagiert?
- er sich irgendwie schwach/abgelehnt/gemobbt … fühlt und dies durch störendes Verhalten kompensiert?
- er die Bühne sucht und sich vor den anderen aufspielen möchte?
- er der Lehrkraft persönlich eins auswischen will?

Wenn wir uns diese Liste ansehen, wird schnell klar, dass es nicht eine einzige Lösungsmöglichkeit geben kann, wenn die Ursachen so unterschiedlich sind.

Mir haben Schüler unterschiedlicher Klassen immer wieder bestätigt, dass das Schlimmste an der Schule die Langeweile ist. Und besser als diese Langeweile sind Störungen allemal. Deshalb wird den Störern oft auch „gehuldigt", obwohl man die Störung an sich gar nicht so gut findet. Sie sind eben die Helden, die das Dröge vertreiben. Deshalb müssen wir Lehrer noch lange keine Animateure oder Comedians werden, aber den Faktor Langeweile dürfen wir nicht unterschätzen. Kleiner Zusatz: Was wir selbst höchst spannend finden, muss Schüler noch lange nicht faszinieren.

Wechsle mal die Perspektive!

Hat dir schon mal jemand ausführlich und leidenschaftlich etwas erzählt, was dich von Herzen nicht interessiert hat? Hast du das spannend gefunden, nur weil er es spannend fand? Na also!

Lehrertyp
DIE DURCHGREIFERIN

Es gibt Lehrertypen, die sich ungern mit der Ursachenforschung befassen und eher durchgreifen. Auch das mag in manchen Situationen sinnvoll sein, denn Ursachenforschung kann entsetzlich mühsam sein und viel Zeit fressen. Mir persönlich entspricht das nicht, da beim Durchgreifen immer Macht auf der einen und Angst auf der anderen Seite mitschwingt. Aber ich mache keinen Hehl daraus, dass ich Kollegen gelegentlich um ihre Kaltschnäuzigkeit in solchen Situationen beneide. Manchmal artet Reden in Labern aus, und Durchgreifen schafft Fakten. Meine Überzeugung: Nur in Ausnahmefällen anwenden!

Illustration: © Sarah Humeniuk, Berlin

Der Lehrerflüsterer empfiehlt:

- Erst mal den Katastrophenalarm in der eigenen Seele ausknipsen! So schlimm ist das alles nicht.
- Fehler nicht nur bei sich selber suchen! Sind die Umstände ungünstig? Können „die Schüler" oder einzelne Schüler vielleicht einfach nicht mehr?

Lehrertyp DER SENSIBLE

Lehrer, die sich selbst eher als verständnisvoll und nah dran an den Schülern empfinden, können die ausgepowerten Gestalten, die vor ihren Augen und in ihrem Unterricht stören, gut verstehen, leiden aber dennoch und zweifeln an sich selbst. Ihnen sei zum Trost gesagt, dass auch Durchgreifer an ihre Grenzen kommen, wenn die Schüler nicht mehr können. Ausnahme: Wenn der Lehrer mit Angst arbeitet, reißen sich die Erschöpften zusammen – solange der Angsterreger noch da ist. Danach gilt aber: Wehe, wenn sie losgelassen!

Illustration: © Sarah Humeniuk, Berlin

- Unter- oder Überforderung erkennen und mit entsprechenden Arbeitsmaterialien darauf reagieren!
- Persönliche Gespräche mit dem auffälligen Schüler führen und bei Bedarf unterstützende Maßnahmen ins Auge fassen!
- Wenige (!) klare Regeln* aufstellen – und zwar nur solche, die zu dir als (Lehr-)Person passen und die du wirklich einfordern kannst und willst!
- Selbstkritisch reflektieren, wo der eigene Anteil liegen könnte, aber nicht in Selbstzerfleischung abdriften!

Lehrertyp DIE SCHUSSELIGE

Ich gestehe an dieser Stelle ehrlich, dass ich mir Regeln, wenn sie eine bestimmte Anzahl übersteigen, selbst nicht mehr merken kann, was bewirkt, dass ich auch nicht konsequent über ihre Einhaltung wache.

Illustration: © Sarah Humeniuk, Berlin

* Regeln für Regeln

- Regeln nach Möglichkeit mit den Schülern gemeinsam erarbeiten – dann geht es hinterher leichter!
- Die Regeln in der Regel einhalten!

Wenn Hansi gerade die Diskussion mit einem Superbeitrag bereichert, aber das Melden vergessen hat, kann man auch mal ein Auge zudrücken. Wer will denn Sklave einer Regel sein!

- Öfter mal den Schwerpunkt auf eine Regel legen, z. B. die Regel der Woche markieren!
- Vorher – idealerweise gemeinsam mit den Schülern – überlegen, welche Konsequenz dem Regelverstoß folgen soll! Das gibt Sicherheit und verhindert Aufregung!
- Die Beachtung einer Regel in Maßen positiv verstärken, z. B. so: Wenn ein Schüler eine ganze Stunde / einen ganzen Tag / eine ganze Woche lang eine für ihn schwierige Regel eingehalten hat, kann man ihn mit einem Lob oder einer positiven Notiz an seine Eltern belohnen und wertschätzen.

- Bei Nichtbeachtung einer Regel Konsequenzen ziehen, z. B. so: Der „verstoßende" Schüler muss irgendetwas tun, das ihm absolut keinen Spaß macht. Was das sein kann, sollte man mit der ganzen Klasse festlegen.
- Wichtig ist: Die Konsequenz darf nicht aus dem Hinterhalt kommen, sondern es muss klar sein: Wenn ich dies nicht beachte, muss ich … So erspart man sich endlose Diskussionen und für die Schüler ist die Sache transparent.

Wenn eine besonders schöne oder witzige Konsequenz beschlossen wurde, freue ich mich manchmal schon auf den Regelverstoß. Und gerade das lässt mich Souveränität ausstrahlen, was bewirkt, dass es gar nicht zum Verstoß kommt.

DIE GOLDENE REGEL

Versuche nach Kräften, dich bei Unterrichtsstörungen nicht persönlich angegriffen zu fühlen! So wichtig sind wir Lehrer nicht, dass wir alles auf unsere Person beziehen müssen.

Hardcore-Störungen aus den eigenen Reihen

Schwere Disziplinkonflikte

Nichts da mit Kollegenhektik und Fliegensterben, nichts da mit bisschen Schwätzen und Reinschreien – hier geht es um Heftigeres.

Du spürst – nicht nur in einer oder wenigen Stunden – immer wieder: Hier stimmt etwas nicht. Und das hat auch etwas mit dir selbst zu tun.

- Aus der Klasse schlägt dir eisige Stimmung entgegen.
- Die Klasse spielt dir immer wieder Streiche.
- Ein einzelner Schüler oder eine Schülergruppe hat sich auf dich eingeschossen.

Gerade für unerfahrene Kollegen, die es sehr gut meinen, ist das eine gewaltige Herausforderung. Prinzipiell kann hier der Austausch mit einem Kollegen deines Vertrauens helfen!

Dies alles bewirkt, dass du deinen Unterricht höchst selten bis nie so halten kannst, wie du möchtest.

WAS TUN?

Folgende Varianten habe ich schon erlebt:

- Den Kopf in den Sand stecken, so tun, als sei nichts – und leiden, es aber nicht zugeben.
- Sich jeden Tag aufs Neue über die schrecklichen Schüler aufregen – und leiden.
- Jeden Tag aufs Neue gut auf die Schüler einreden, keinen Erfolg erzielen – und leiden.
- Mit Härte durchgreifen, nichts Tiefgreifendes erreichen – und leiden, es aber nicht zugeben.

Ursachenforschung

Auch hier gilt: Weil wir Profis sind, dürfen wir uns nicht beleidigt zurückziehen, so nach dem Motto: „Was tut man nicht alles für diese Nichtsnutze, und dann danken sie es einem so!" Gemäß der Devise „Es gibt für jedes Verhalten einen Grund" sollten wir uns auf die Suche nach den Ursachen machen.

CHECKLISTE

Kann es sein, dass die Schüler so auf dich reagieren, weil …

- sie das Gefühl haben, dass es bei dir ungerecht zugeht?
- sie das Gefühl haben, dass nicht du, sondern sie die Zügel in der Hand halten?
- sie das Gefühl haben, dass du sie nicht magst?
- es zwischen dir und den Schülern mal schwere Dissonanzen gegeben hat, die nie thematisiert, sondern unter den Teppich gekehrt worden sind?

Lehrertyp DER KUMPELHAFTE

Solltest du bisher gut mit deiner Kumpelhaftigkeit gefahren sein, freu dich, dass du so nah an Schülern dran sein kannst! Vergiss nur nicht, dass manchmal klare Kante nötig ist und auch von den Schülern erwartet wird! Du bist der Profi! Sie erwarten von dir Stärke und Klarheit. Dein Einsatz ist gefragt!

Illustration: © Sarah Humeniuk, Berlin

Der Lehrerflüsterer empfiehlt:

- Such dir Kollegen als Gesprächspartner, die mit den Schülern so umgehen, wie du es gerne tun würdest!

- Hospitiere bei ihnen, wenn sie es zulassen! Guck dir was ab! Aber bedenke, dass du eine andere Persönlichkeit bist – du musst deinen eigenen Stil finden!

- Wenn du es nicht hinkriegst, dass die Schüler dich respektieren: Gönn dir ein Coaching oder eine Supervision! Du musst diesen Beruf viele Jahre ausüben. Je schneller du dir Hilfe holst, desto schneller wird alles besser.

Ich habe noch nie erlebt, dass Schüler sich vollkommen stur stellen, wenn der – im Moment ungeliebte – Lehrer nicht auf seiner Machtposition beharrt, sondern echt und authentisch ist.
Wenn du bei ehrlicher Selbstreflexion auf keine Fehler deinerseits stößt: Gib zu, dass du dir keiner Schuld bewusst bist, aber willst, dass es besser wird! Beziehe die Schüler in die Problemlösung mit ein!

- Wenn du ehrlich zu dir selbst bist und dabei feststellst, dass du einen wirklichen Fehler gemacht hast: Nimm dir ein Herz und sprich mit den Schülern! Sag, wie dir zumute ist! Gib zu, wenn du gemurkst hast, extrem ungerecht warst, einen Fehler gemacht hast!

Auch wenn du schon eine erfahrene Lehrkraft bist, kann dich das kalt erwischen. Sei dann bitte nicht beratungsresistent!
Gib zu, dass man auch mit großer Erfahrung Fehler machen kann. Denk dran, dass sich die Zeiten und die Schüler ändern! Ruh dich nicht auf der Erfahrung aus!

- Führe Einzelgespräche, um klarer zu sehen – mit Schüler(n), Eltern, Kollegen!
- Hast du einen heftigen Konflikt mit einem Schüler?
  - Führe in aller Ruhe ein Einzelgespräch mit ihm! Sei dabei klar in deinen Aussagen, aber niemals abwertend oder gar verletzend!
  - Brich das Gespräch zur Not ab und vereinbare einen neuen Termin!
  - Entschuldige dich, falls sich herausstellt, dass du den Schüler, ohne es zu merken, gekränkt hast!
  - Solange sich nichts bessert, zieh in Erwägung, ihn beim nächsten Stören ins Time-out zu schicken!

Ich gebe zu, dass es mir schwerfällt, Schüler rauszuwerfen. Ich behalte sie lieber bei mir. Manchmal aber – das musste ich lernen – entzerrt es die Situation für alle Beteiligten. Das mit dem Time-out sollte aber auf keinen Fall inflationär betrieben werden, sondern die Ausnahme bleiben.

- Schau genau hin: Könnte sich eine psychische Störung hinter dem Verhalten verbergen? (Siehe Kapitel: Schülerpersönlichkeiten mit besonderen Herausforderungen, S. 49)
- Lass den Schüler evtl. in eine andere Klasse wechseln, wenn ihr beide einfach nicht mehr miteinander auskommt! Aber sieh dies bitte als Notlösung an!

Wechsle mal die Perspektive!

Welche Gefühle löst es bei dir aus, wenn sich jemand, der auf deiner *Shitliste* steht, plötzlich um dich bemüht? Wenn er signalisiert, dass er an der Situation etwas ändern möchte? Wenn er sich Mühe macht? Wenn er sich gar entschuldigt?

DIE GOLDENE REGEL

Hardcore-Störungen ernst nehmen, aber nicht zu hoch hängen! „Es wird nichts so heiß gegessen, wie es gekocht wird." – Dieses Sprichwort gilt auch fürs Lehrerleben. Viele schrecklich scheinende Konflikte sind wenig später schon vergessen.

Disharmonien unter den Schülern

Für uns Lehrer ist das oft nicht so genau auszumachen. Was ist eigentlich in dieser Klasse los? Was ist **mit** dieser Klasse los? Die Stimmung ist … nennen wir es mal „merkwürdig".

- Auf die Frage „Was ist hier los?" folgt bedrücktes bis eisiges Schweigen.
- Auf die Frage „Habt ihr einen Konflikt?" folgen gegenseitige Anschuldigungen.
- Der Blick in die einzelnen Schülergesichter zeigt, dass sie etwas wissen, was **du** noch nicht weißt.
- Einzelne Schüler oder gar nur ein einziger scheint vor Wut zu beben.
- Einzelne Schüler oder gar nur ein einziger hat offensichtlich geweint.
- Einzelne Schüler oder gar nur ein einziger ist ganz offensichtlich nicht aufnahmebereit, sondern verarbeitet innerlich noch immer etwas Vorgefallenes.
- Mit der ganzen Klasse oder zumindest mit den meisten ist nichts anzufangen. Du wirst zum Alleindarsteller.

All dies hat zur Folge, dass dein Unterricht nicht klappt.

WAS TUN?

So reagieren Lehrer gern:

- Der Klasse ungehalten mitteilen, was man von ihrem Verhalten hält, nämlich nichts.
- Die Klasse anflehen, den Grund der merkwürdigen Stimmung kundzutun.
- So tun, als sei nichts und über die Stimmung weg unterrichten.
- Mit den Lehrer-Schöntuern in Kontakt treten

Nicht jeder Mensch ist empfänglich für Schwingungen. Wer es – so wie ich – ist, dem fällt es schwer, nicht auf der Stelle der Sache auf den Grund zu gehen.

Ursachenforschung

Wenn in der Klasse etwas im Argen liegt, kommen wir Lehrer nicht so leicht hinter die Ursachen. Und ob wir die ganze Wahrheit je erfahren, ist zweifelhaft. Auf jeden Fall ist es eher unwahrscheinlich, dass sich die Schüler bereitwillig melden und erklären: „Also, Herr XY, das war so: Erst hat der A gesagt …, dann hat die B … gemacht, dann haben sich der C und die D eingemischt …" – Im Gegenteil, meist erfährt man entweder gar nichts oder ein Kuddelmuddel oder eine stark gefärbte Version.

CHECKLISTE

Kann es sein, dass die Stimmung in der Klasse deshalb so belastet ist, weil …

- sich zwei oder mehr Schüler gerade erst gestritten haben?
- zwischen zwei oder mehr Schülern schon seit längerem Konflikte herrschen?
- irgendjemand in der Klasse vor irgendjemandem – in oder außerhalb der Klasse – Angst hat?
- irgendjemand in der Klasse gegen irgendjemanden – in oder außerhalb der Klasse – Rachegedanken hegt?

Der Lehrerflüsterer empfiehlt:

- Gib der Klasse zu verstehen, dass du siehst: Es stimmt etwas nicht!
- Zeig den Schülern, dass du ihr Problem ernst nimmst, dass es dich interessiert, wo das Problem liegt, dass du gerne helfen möchtest!
- Wenn du das Gefühl hast, dass nur einzelne Schüler betroffen sind, …
  - sag ganz klar, dass du dir später für sie Zeit nehmen wirst. Sag auch genau, wann, um zu zeigen, dass du es ernst meinst!
  - schick sie zu einer Erziehungsfachkraft an deiner Schule, wenn du das Gefühl hast, es drängt!
  - erlaube ihnen, während deines Unterrichts ihre Version des Konfliktes aufzuschreiben, wenn du das Gefühl hast, dass dies den Druck am besten nimmt! Hinterher muss aber allen Versionen Raum gegeben werden.
- Wenn du das Gefühl hast, dass die ganze Klasse involviert ist, und du ein gutes Verhältnis zur Klasse hast, …
  - befrage alle Schüler anonym schriftlich, ob sie finden, dass du dich um den Konflikt kümmern solltest
  - und/oder bitte alle Schüler, dir auf kleine Zettel anonym zu schreiben, was sie vom Konflikt wissen

○ und/oder lass einen Gesprächskreis bilden, bei dem nacheinander jeder Schüler, der möchte, zu Wort kommt.

Ich war schon oft positiv überrascht, wenn ich jeden Schüler schriftlich habe zu Wort kommen lassen. Es war so schnell zu spüren, ob eine leicht zu behebende Lappalie oder etwas Schwerwiegendes vorgefallen war. In letzterem Fall dauerte natürlich die Aufarbeitung länger, aber sie war wirksam.

So kann es weitergehen

Es kann sein, …

- dass du dich mit einem Kollegen oder auch mit der Schulleitung austauschen musst;
- dass Experten eingeschaltet werden müssen;
- dass Elterngespräche stattfinden müssen;
- dass längerfristige pädagogische Maßnahmen ins Auge gefasst werden müssen.

Es ist aber immer wichtig, dass die Schüler a) spüren, dass du ihre Probleme ernst nimmst, b) aber auch einsehen, dass du nicht unendlich viel Zeit deines Unterrichts für die Aufarbeitung zur Verfügung stellen kannst.

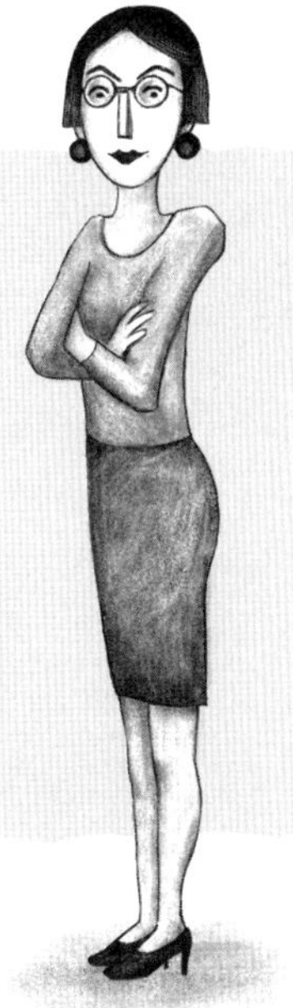

Illustration: © Sarah Humeniuk, Berlin

Lehrertyp DIE DURCHGREIFERIN

Hier kann auch die große Stunde der gar nicht kumpelhaften Lehrer schlagen. Sie laufen schlichtweg weniger Gefahr, von den Schülern instrumentalisiert zu werden. Denn „eine Stunde reden“ lieben diese meist mehr als Unterricht.

Wechsle mal die Perspektive!

Wie war das bei dir früher, wenn du dich mit jemandem bis aufs Blut gestritten hattest? Hat dich da interessiert, ob du den Unterricht störst? Hast du da auch nur einen Gedanken daran verschwendet, dass das, was du jetzt mit der gegnerischen Person austrägst, für die anderen und vor allem für die Lehrkraft ganz schön störend ist?

Andersherum: Wenn ein Lehrer mit dir das Gespräch gesucht und dich nicht einfach zur Schnecke gemacht hat, wie hast du darauf reagiert? Hat es nicht gut getan, als Person ernst genommen zu werden!?

DIE GOLDENE REGEL

Nimm Konflikte unter deinen Schülern ernst! Auch wenn nichts so heiß gegessen wird, wie es gekocht wird, sind wir es unseren Schülern schuldig, ihre im Moment als groß empfundenen Probleme nicht geringzuschätzen.

„Pack schlägt sich, Pack verträgt sich!" – Diese Redensart darf für unsere Einstellung den Schülern gegenüber nicht gelten – und dies, obwohl Schüler sich tatsächlich oft erstaunlich schnell wieder vertragen.

Schülerpersönlichkeiten mit besonderen Herausforderungen

Manchmal verstehen wir einfach nicht, warum sich ein Schüler so nervig, so merkwürdig, so schrecklich … benimmt. Wir raufen uns die Haare, wir verschießen jede Menge pädagogischen Pulvers – und wenn es dumm geht, kommen wir kein bisschen auf die Idee, dass eine ernsthafte Störung hinter dem auffälligen Verhalten stecken könnte. Weil wir als Lehrer darüber ja auch nicht allzu viel gelernt haben.

Selbstverständlich gibt es mehr als die im Folgenden aufgeführten Herausforderungen, selbstverständlich ist das Folgende nicht ausreichend. Aber wenn es gut geht, macht es dich, lieber Leser, sensibel dafür, noch genauer hin und noch mehr hinter das nervige Schülerverhalten zu blicken.

Die häufigsten Herausforderungen

- Aufmerksamkeitsdefizitstörung (ADS) und Aufmerksamkeitsdefizit-Hyperaktivitätsstörung (ADHS)
- Teilleistungsschwächen/-störungen (Legasthenie, Dyskalkulie …)
- Verschiedene Formen von Bindungsstörung
- Autismus-Spektrum-Störung
- Traumatisierung

Der Lehrerflüsterer empfiehlt:

- Hab immer ein waches Auge auf deine Schüler!
- Bedenke aber, dass nicht jede Störung der Aufmerksamkeit krankhaft ist!
- Wenn du den Verdacht hast, dass ein Schüler unter einem der genannten Probleme leidet,
  - informiere dich durch Fachliteratur,
  - hol dir durch Gespräche eine zweite Meinung,
  - ziehe Experten hinzu, z. B. Beratungslehrer, Schulpsychologen …, denn du bist kein Psychologe und kannst dich nicht um alles kümmern!
- Wenn sich der Verdacht bestätigt, informiere dich, wie du als Lehrkraft am besten mit der Herausforderung umgehen kannst!

DIE GOLDENE REGEL zu allen Störungsbildern

Wenn du dich um eine Beziehung zu dem betroffenen Schüler bemühst, kannst du nichts verkehrt, aber vieles gut machen.

Wechsle mal die Perspektive!

Stell dir vor, auf dein Kind oder ein Kind, das dir nahesteht, trifft eines dieser Störungsbilder zu. Und dann bringt euch ein engagierter Lehrer wie du auf den richtigen Weg: Er weist euch darauf hin, was sich hinter dem störenden Verhalten verstecken kann, er hilft euch, Fachleute zu finden und er schafft es langfristig, dass sich die Situation für dein Kind und die ganze Familie verbessert. Wäre das nicht schön?!

Lehrertyp DER UNEMPATHISCHE

Lehrer, die es gewohnt sind, mit Strafe zu arbeiten, um Schülerverhalten zu ändern, beißen hier in der Regel auf Granit. Denn: Bei vielen Störungsbildern klappt das nicht.

Illustration: © Sarah Humeniuk, Berlin

Das beste Mittel gegen Unterrichtsstörungen: Prävention

Selbstverständlich kann ich am heutigen Nachmittag nicht wissen, dass am morgigen Vormittag vor meinem Klassenzimmerfenster eine Baustelle eingerichtet werden wird. Dass es einen Probealarm der lokalen Sirenen geben wird, kann ich sehr wohl wissen – aus der Zeitung und/oder von der Schulleitung – und deshalb in der besagten Stunde nichts planen, was vom Aufreger Probealarm negativ berührt werden könnte.

Vorausschauen und Vorsorgen

Ich kann heute auch nicht wissen, dass morgen Hansi und Ali in der Pause schlägern werden, und dass dieses Großereignis meinen Unterricht überschatten wird. Aber ich kann womöglich wissen, dass sich Hansi und Ali zurzeit gar nicht grün sind und …

- sie deshalb in der Pause nicht aus den Augen lassen,
- die Pausenaufsicht auf die Eskalationsstufe hinweisen,
- Konfliktberater/Streitschlichter einschalten.

Ich kann heute nicht wissen, dass Mia morgen Mittag entsetzlich hampeln und stören wird. Aber ich kann eben schon wissen, dass Mia – so wie einige ihrer Mitschüler – große Probleme damit hat, in der 5. und 6. Stunde noch ruhig und aufmerksam an ihrem Platz zu sitzen, und deshalb diese Möglichkeit bei meiner Planung nicht nur ins Auge fassen, sondern auch berücksichtigen.

Es gelten also zwei Tatsachen:

Tatsache 1: Unterrichtsstörungen erwischen uns immer wieder kalt.

Tatsache 2: Manche Störungen lassen sich durch Vorausschauen und Vorbeugen klein halten oder gar vermeiden.

Der Lehrerflüsterer empfiehlt:

- Versuche, während deiner Unterrichtsplanung im Auge zu behalten, ob eine Störung von außen wahrscheinlich sein könnte, z. B.
  - weil morgen ein Kollege eine angekündigte (!) Umfrage durchführt,
  - weil der angekündigte (!) Verkauf der Schülerzeitung ansteht,
  - weil ein paar Schüler angekündigt (!) für einen wohltätigen Zweck sammeln werden,
  - weil die Mutter von Patrick kommen wird, was sie zwar nicht bei dir angemeldet, aber was Patrick dir selbst erzählt (!) hat oder
  - weil morgen die Sonne deine Schüler laut Wetterbericht (!) grillen wird?
- Versuche, während deiner Unterrichtsplanung im Auge zu behalten, ob Disziplinschwierigkeiten wahrscheinlich sein könnten, z. B. weil die Schüler zurzeit in der letzten Stunde immer sehr unruhig sind oder weil

die Schüler zurzeit untereinander oder dir selbst gegenüber auf Krawall gebürstet sind?

- Überleg dir während deiner Unterrichtsplanung, ob du Störungen womöglich verhindern kannst, indem du die aktuelle Problemklasse X keine Minute unbeaufsichtigt lässt, indem du der Klasse Y nicht den Rücken zuwendest, indem du in der Klasse Z auf Arbeitsformen und Materialien verzichtest, die vermutlich zurzeit zu Unruhe oder gar Chaos führen werden. Oder dass du den Schüler A auf keinen Fall neben dem Schüler B sitzen lässt, dass du mit dem Schüler C ein intensives, aber wertschätzendes Gespräch alleine führst, ehe du ihn wieder unterrichten wirst oder dass du dir alles für ein Time-out bereitgelegt hast und demnach im Ernstfall nicht erst mühsam suchen musst?

DIE GOLDENE REGEL

Schau voraus, sorge vor, lass dich möglichst nicht kalt erwischen!

Die zehn Gebote bei Unterrichtsstörungen

1. Vergiss nie, dass Vorbeugen die beste Medizin gegen Störungen ist!
2. Mach dir immer wieder mal bewusst, dass die gegenwärtigen gesellschaftlichen Um- und Zustände einen fruchtbaren Nährboden für Unterrichtsstörungen bilden und dass du dafür nichts kannst!
3. Egal, wer oder was stört: Schau hin und nicht weg!
4. Wehre dich, wenn es sich lohnt, aber bleibe immer so gelassen wie möglich!
5. Wenn es hart kommt: Nimm die Herausforderung an!
6. Sei stets bereit, zu reflektieren – die Störung und dein eigenes Verhalten!
7. Genehmige dir weder Selbstzerfleischung, noch Selbstgerechtigkeit!
8. Gestatte den Blick von außen, z. B. durch Kollegen, Coaches oder Supervisoren!
9. Sei prinzipiell bereit, Hilfe von außen anzunehmen!
10. Schau dir zielführendes Verhalten ab, das zu dir passt!

DIE GOLDENE REGEL

Die goldenste aller goldenen Regeln

Verlier eines nie aus den Augen: Welche Maßnahme, welche Art des Umgangs wird deinem Schüler am besten helfen, auf einen guten Weg zu kommen?

Du bist erwachsen. Er ist es nicht.

Du bist der Profi. Er ist es nicht.